BANQUET ROYALISTE OUVRIER
DU FAUBOURG SAINT-ANTOINE

LA RÉPUBLIQUE

DEVANT

LA QUESTION SOCIALE

Par ANDRÉ BARBES

Société Générale de Librairie
Chez VICTOR PALMÉ
76, *rue des Saints-Pères*
A PARIS
ET A BRUXELLES
Chez ALBANEL
29, rue des Paroissiens.

———

LA RÉPUBLIQUE

DEVANT

LA QUESTION SOCIALE

Par ANDRÉ BARBES

———

BANQUET ROYALISTE OUVRIER

DU FAUBOURG SAINT-ANTOINE

Le mercredi 29 septembre 1880, les ouvriers royalistes du quartier du Faubourg Saint-Antoine et de Saint-Mandé, se sont réunis au Salon des Familles, pour célébrer l'anniversaire de la naissance de Monsieur le Comte de Chambord.

M. DE LA MARTINIÈRE, organisateur du banquet, propose à l'assemblée de nommer président, M. LEBRUN, ouvrier ébéniste.

A l'unanimité, M. LEBRUN est acclamé président.

Après avoir porté un toast au Roi, M. le Président donne la parole à M. ANDRÉ BARBES, qui monte à la tribune, et s'exprime en ces termes :

Je me demande s'il m'est permis d'interrompre par un discours les acclamations enthousiastes qui s'échappent encore de vos cœurs !...

Il me semble que ce cri de « Vive le Roi ! » répété à cette heure sur toute l'étendue du territoire, est à lui seul un témoignage assez éclatant du retour des esprits vers la cause que nous servons.

Il me semble qu'il est inutile de démontrer

par un raisonnement ce qui s'impose par les faits avec une plus grande force et une plus haute éloquence.

Et d'ailleurs, demain, les attaques violentes que nos adversaires ne manqueront pas de diriger contre les manifestations royalistes, achèveront de donner à ces manifestations et leur caractère et leur importance.

Cependant la réunion à laquelle j'ai l'honneur d'assister ce soir me paraît avoir, plus que toute autre, une importance considérable et un caractère saisissant.

Qu'on veuille bien y songer :

Nous nous trouvons ici au seuil du faubourg Saint-Antoine, au seuil de ce faubourg dont le nom sonne comme le tocsin de la guerre civile, au seuil de ce faubourg d'où est toujours partie l'avant-garde de l'émeute. Nous sommes ici dans l'un des camps retranchés de la Révolution... Eh bien ! dans ce quartier, sur ce sol même, où l'on retrouverait encore la trace des barricades, aujourd'hui des ouvriers se montrent encore debout ; mais ce ne sont pas des insurgés, le fusil à l'épaule ; ce sont des citoyens pacifiques qui, dans l'honnêteté de leur conscience et dans la plénitude de leur droit, viennent acclamer l'Auguste Représentant de la Monarchie Nationale et protester contre la tyrannie d'une faction révolutionnaire dont le gouvernement n'a pas même pu conserver les apparences de la légalité. (Applaudissements).

Ah ! Messieurs, vous offrez ce soir un spectacle digne de fixer l'attention, spectacle bien fait pour raffermir nos cœurs, s'ils n'avaient pas gardé cette espérance opiniâtre que doivent garder les serviteurs d'une grande cause de justice et de vérité.

Cette œuvre merveilleuse de transformation s'est accomplie grâce aux efforts d'hommes dévoués, d'hommes pleins de foi, pleins de patriotisme, pleins de zèle. Ces hommes n'ont épargné ni leur temps, ni leur peine ; ils ont su grouper autour d'eux toutes les bonnes volontés éparses, les réunir en faisceau, et en constituer une force sur laquelle aujourd'hui on peut et on doit compter.

Oui, à ce moment — je suis heureux de le constater, — on peut compter dans ces quartiers ouvriers sur une phalange déjà nombreuse de vaillants et de fidèles, prêts, je le sais, à marcher en tête de cette grande armée de bons citoyens qui se reforme autour du drapeau du Roi. (Applaudissements.)

Je ne regrette qu'une chose, c'est que ma voix ne soit pas assez autorisée pour que je puisse me permettre d'offrir ici à tous nos amis, ouvriers de la première comme de la

dernière heure, mes félicitations et mes re-
merciements. (Applaudissements.)

Qu'il me soit permis cependant de payer
une dette particulière de reconnaissance, —
d'autant plus que cela ne m'arrivera jamais
pour une autre cause — qu'il me soit permis
de remercier le gouvernement de la République! (Mouvement d'attention).

On serait véritablement injuste si on ne re-
connaissait pas que, plus que personne, la République a contribué à ruiner la République.
(Bravos.) Par les injustices qu'elle a com-
mises, par les violences qu'elle a exercées,
par les turpitudes qu'elle a laissées s'accom-
plir, elle nous a rendus de grands services,
car elle a avancé prodigieusement l'heure de
sa chute. (Salve d'applaudissements.)

Je ne le nie pas, il est un bienfait — un
seul — que la République peut procurer au

pays : c'est de le délivrer d'elle-même ! Montrons-nous donc généreux, Messieurs, et remercions la République, puisqu'elle va si bien au-devant de nos désirs. (Applaudissements.)

Personne ne peut contester que les illusions qu'elle entretenait dans les esprits ne se soient généralement dissipées : mots à effets, maximes trompeuses, déclarations mensongères, tout est percé à jour, et, nous pouvons constater un fait, c'est que personne n'a mieux démontré l'inanité des formules et l'impuissance du régime républicain que les républicains eux-mêmes. Qu'y a-t-il d'étonnant, dès lors, que les bons citoyens se retournent du côté de la Monarchie et viennent lui demander ce que la République ne saurait leur donner : LA JUSTICE, LA LIBERTÉ ET LE TRAVAIL.

Voilà, messieurs, en trois mots les conditions d'un régime véritablement populaire. Et, chose étrange, c'est le gouvernement qui s'intitule démocratique qui peut le moins donner de garanties à cet égard, c'est le prétendu gouvernement du peuple par le peuple qui se préoccupe le moins des intérêts de ce dernier. (Applaudissements.)

Je crois utile, Messieurs, dans notre réunion de ce soir, de remplir les intentions de Celui dont nous fêtons le royal anniversaire : « Quels que soient les desseins de la Provi-« dence sur moi, a dit Monsieur le Comte de « Chambord, je n'oublierai jamais que le « grand Roi Henri IV, mon aieul, a laissé à « tous ses descendants l'exemple et le devoir « d'aimer le peuple. C'est là un héritage qui « ne peut m'être enlevé et mes amis ne sau-« raient me rendre un meilleur service que « de faire connaître ces sentiments qui sont « dans mon cœur ».

Aussi bien pour remplir les intentions du Roi, et pour dégager de cette réunion une conclusion pratique et nécessaire, je crois devoir vous montrer rapidement combien les intérêts du peuple sont sacrifiés dans une république démocratique, combien au contraire ses intérêts seront protégés et respectés par cette Monarchie qui a fait l'émancipation des Communes et qui seule peut travailler à la prospérité morale et matérielle des travailleurs et de la nation entière.

Dire au peuple que, dans une démocratie, il est le maître de ses destinées, lui parler de liberté et de solidarité, c'est peut-être assez pour amener les foules à la République, mais ce n'est pas assez pour les retenir et les attacher. (Applaudissements.)

Le jour où, comme à cet heure, il est démontré que le gouvernement démocratique n'est que le gouvernement d'une minorité audacieuse; le jour où il est démontré que cette prétendue démocratie n'est qu'une aristocratie de bohêmes, prêts à faire verser le plus pur sang de la France, dans leur intérêt personnel ; le jour où on a constaté que depuis dix ans qu'ils sont au pouvoir, ces faux amis du peuple, n'ont fait que s'en servir pour les aider à édifier leur fortune politique et leur fortune particulière, ce jour-là le peuple ne tarde pas à se lever et à chasser de son bras puissant cette horde d'exploiteurs rassasiés ! (Bravos, applaudissements répétés)!

Voyez, déjà il se manifeste dans ces ateliers où l'on se préocupe plus de travail, d'ordre et d'économie que de stérile et mauvaise politique, une lassitude, un dégoût profond pour cette République dont l'œuvre législative n'a pas encore comporté l'étude approfondie d'une seule question ouvrière !

De temps en temps, en manière de réclame électorale, les députés républicains, qui ont le profit de représenter le peuple... (Acclamations, bravos)... proposent bien la création de caisses de secours, de caisses de retraite pour les vieux ouvriers de l'industrie, ou quelque autre palliatif impuissant; de temps en temps, leurs orateurs parlent, dans des réunions publiques ou privées, d'accord, d'union, d'entente entre les ouvriers; mais ils se contentent d'en parler, et lorsqu'on leur demande quel est leur dernier mot en présence de ces questions redoutables, ils ne peuvent que répondre par une déclaration de guerre sociale !

Et le travailleur assiste avec une sorte de stupeur à des crises politiques dont il n'a pas le secret !

Il assiste avec écœurement à des changements ministériels incessants, et que voit-il ? Chaque fois que des hommes nouveaux sont appelés aux affaires, il s'aperçoit qu'on ne recherche pas en ces hommes, ni l'intégrité de la vie, ni les aptitudes au gouvernement, on recherche en eux une âme plus basse pour pouvoir se plier plus servilement à toutes les fantaisies d'un dictateur occulte et aux exigencesdes passions révolutionnaires. (Applaudissements.)

Voilà ce qu'il voit, voilà ce qu'il s'avoue, voilà ce qu'il commence à dire hautement. (Nouvelle salve d'applaudissements.) Il dit que la République, qui a commencé par être le règne de l'incapacité, est devenue le règne de l'avilissement et de l'indignité ! (Bravos prolongés.)

Les intérêts des ouvriers ? Que vient-on dire à ces sommités démocratiques ? Les intérêts du peuple ? Le travail ? La prospérité ? Mais il semble qu'il peut suffire aux ouvriers qu'on leur parle de ces choses, et que le peuple doit se déclarer satisfait quand ses gouvernants bien ont dîné et émargé de gros appointements. (Rire et applaudissements.)

Quand je dis « le peuple, « Messieurs, je n'entends pas faire d'exception, il s'agit aussi bien, dans ma pensée, de nos amis politiques que de ceux que j'ai le regret de voir encore dans les rangs de nos adversaires.

Pour les républicains, il est vrai, le peuple se compose d'ouvriers qui font passer la politique avant le travail, de déclassés ou de vétérans de l'émeute, tandis que vous, ouvriers honnêtes et laborieux, chefs de famille vivant d'ordre et d'économie, faisant régner à votre foyer de travailleur les lois de l'Honneur et du Respect, vous, nos amis, vous n'êtes pas le peuple, et nul compte ne doit être tenu de vos vœux !....

Les royalistes ne sauraient établir de ces distinctions. Ils reconnaissent que tout homme qui travaille a droit à voir améliorer sa situation et que le gouvernement a le devoir de s'en préoccuper. C'est à cet égard qu'on a pu dire avec vérité : Les peuples ont le droit d'être gouvernés et les Rois ont le devoir de les gouverner. (Applaudissements).

Je le répète, le gouvernement de la République, pressé de toutes parts — et avec raison — d'apporter une solution à ces hautes questions, avoue son impuissance en disant avec le Chef de l'opportunisme : *Il n'y a pas de question sociale !*

Le dernier mot de la République opportuniste est donc une négation, comme le dernier mot de la République radicale et socialiste est la guerre à ceux qui possèdent.

Ouvriers intelligents et honnêtes, vous n'accepterez ni l'une ni l'autre de ces solutions.

Permettez-moi de vous montrer maintenant combien est grande la sollicitude de la Monarchie pour les ouvriers.

Dès 1865, le Prince appelait l'attention de ses amis sur les questions sociales, et retraçait un tableau complet de ce qu'avait fait la Royauté pour la classe si intéressante des travailleurs.

Après avoir rappelé que la Monarchie avait toujours été la patronne des ouvriers et la protectrice de leurs intérêts, il en donnait comme preuve les Etablissements de Saint Louis, les Règlements des métiers, le système des corporations, des jurandes et des maîtrises.

Puis il déplorait l'œuvre révolutionnaire qui, au lieu d'améliorer ces institutions, les avait détruites et ne les avait pas remplacées. Enfin, il proposait comme remède au mal présent, d'opposer l'association à l'individualisme, d'accorder le droit d'association avec les garanties que comporte la paix publique, et il proclamait la nécessité de per-

mettre aux ouvriers de se concerter librement,
en vue de la défense de leurs intérêts com-
muns.

Il déclarait enfin qu'il fallait créer sous le
nom de syndicats, de délégation ou de repré-
sentation, des associations chargées de régler
à l'amiable les différends relatifs aux conditions du travail.

« Qui ne voit d'ailleurs, disait le Prince,
« que la constitution volontaire et réglée de
« corporations libres deviendrait un des élé-
« ments les plus puissants de l'ordre et de
« l'harmonie sociale et que ces corporations
« pourraient entrer dans l'organisation de la
« Commune et dans les bases de l'électorat
« et du suffrage. Considération qui touche un
« des points les plus graves de la politique de
« l'avenir. »

Ah ! messieurs, toute comparaison avec les

discoureurs républicains serait injurieuse pour le Fils de nos Rois. Je ne la ferai point. Mais ne reconnaissez-vous pas que ces lignes si larges, si élevées d'une haute et féconde politique n'ont pu être tracées que par une main royale et paternelle, digne de porter le sceptre de Henri IV, le plus populaire de nos Rois ? (Cris répétés de « Vive le Roi ! » Applaudissements.)

Je ne connais rien de beau, rien de grand, comme la sollicitude de ce Prince que l'exil retient, presque depuis sa naissance, sur la terre étrangère, et qui, se sachant bien le Roi et le Père de son peuple, consacre chaque jour, chaque heure de sa vie à étudier les moyens qui peuvent rendre le peuple plus prospère, ses amis, ses enfants plus heureux ! (Cris de : « Vive le Roi ! » Acclamations prolongées.)

Bien contrairement à ce qu'a dit l'oracle de la République : « *Il n'y a pas de question so-*

ciale », nous vous répétons avec le Roi qu'il y a des réformes légitimes à apporter dans la situation des travailleurs. Et ce sera l'œuvre de la Monarchie. (Oui. Oui. Vive le Roi !)

A mesure qu'une nation marche à travers les siècles, les conditions de sa vie économique se modifient nécessairement, et c'est le propre d'un gouvernement éclairé de savoir mettre en harmonie ses institutions sociales avec les besoins des temps. Il est à peu près indifférent pour le bonheur et la grandeur d'un peuple que la constitution politique soit plus ou moins parfaite, si ses lois économiques ne se transforment et ne s'améliorent progressivement.

L'idéal pour une nation serait de vivre dans l'immobilité du principe de sa constitution politique et de ne répandre son activité que dans la recherche du progrès social.

C'est cet idéal, Messieurs, que la France atteindra en rentrant dans les voies de sa première prospérité, en reprenant son rang et sa place en tête des grandes monarchies de l'Europe et du monde. Plus que jamais nous pouvons en exprimer hautement l'espérance, lorsque nous voyons malgré les défaillances de l'heure présente de si touchants et de si nobles exemples de fidélité au principe monarchique. Et parmi ceux que nous donne ce soir la France entière, cette réunion royaliste d'ouvriers du Faubourg Saint-Antoine est assurément, de toutes les manifestations qui ont lieu, à l'occasion de l'anniversaire du Roi, celle qui l'emporte de beaucoup en portée et en signification.

L'heure du triomphe arrivera, soyez en sûrs ! La violence n'a qu'un temps, la vérité finit toujours par vaincre. Et elle peut être patiente, puisqu'elle est éternelle comme Dieu ! (Applaudissements.)

Mais quelle que soit notre confiance dans l'action providentielle, souvenons-nous surtout que nous avons, comme citoyens, des devoirs à remplir... (Oui ! Oui !) Organisons-nous, disciplinons-nous, préparons-nous aux luttes électorales, et, donnons aussi l'exemple de l'entente et de la résolution ; enfin résistons avec la dernière énergie aux entreprises violentes de la Révolution.

Je le sais, il est difficile de demeurer l'arme aux pieds, lorsque partout autour de soi tonne la bataille, lorsque nos droits et nos libertés sont attaqués de toutes parts.... Messieurs, imitons ces troupes valeureuses à qui Dieu donne toujours la victoire : attendons l'heure de l'action décisive, calmes, résolus et serrés autour de notre drapeau ! (Triple salve d'applaudissements. — « Vive le Roi ! »)

Le signal de l'action décisive nous sera

donné... peut-être demain ! (Bravos !) alors, Messieurs, nous nous élancerons tous avec joie dans cette mêlée des partis de désordre, alors nous monterons avec entrain à l'assaut de cette citadelle républicaine où l'honneur de la France est emprisonné, alors nous reprendrons votre vieux cri de guerre, ô Vendéens !... (Vivent les Vendéens !)

Ah ! tenez, laissez-moi m'interrompre pour donner un salut de bienvenue à ces généreux fils de la Vendée qui semblent nous avoir apporté ici quelque chose de cette terre où chaque paysan peut devenir un héros. J'ai senti passer en mon cœur ces nobles frissons d'enthousiasme royaliste, lorsque j'ai pu avec eux, au milieu d'eux, saluer dans sa vieillesse glorieuse l'orme sacré de Fonteclose, où fut arboré le drapeau blanc du grand Charette... (Cris répétés de « Vive le Roi ! Vivent les Vendéens ! Vivent les ouvriers de Paris. »)

Oui, Vendéens, nous reprendrons bientôt votre vieux cri de guerre, mais ce sera un cri de paix et de délivrance, et nous vaincrons après avoir combattu comme vous : POUR DIEU, POUR LA FRANCE ET POUR LE ROI ! (Triple salve d'applaudissements. L'orateur est entouré et félicité par les ouvriers groupés au pied de la tribune.)

Au nom de la députation vendéenne, composée de MM. Arnaud-Jacques, garde particulier, Bruneteau, forgeron, Chasseloup, jardinier, Forest, Clément, cultivateur, Pierre Sirot, cocher, M. Guyard de Léquaizière, demande à monter à la tribune pour remercier l'orateur et les ouvriers parisiens :

Ouvriers de Paris,

Je n'ai certes pas l'intention de porter la parole après l'éloquent et chaleureux discours de notre honorable ami M. André Barbes, qui résume si bien nos légitimes aspirations à tous.

Je vous demanderai seulement la permission de vous remercier de votre cordiale hospitalité. (Vivent les Vendéens !)

Comme Vendéen, je suis heureux de me trouver au milieu de vous avec quelques autres Vendéens mes compatriotes, unis dans la même croyance qui peut, je pense, se résumer en ces trois mots : Dieu, Roi, Liberté ! (Applaudissements.)

Nous vous quittons donc pour reporter dans nos campagnes cette pensée bienfaisante, que l'ouvrier de la grande ville, ainsi que l'humble ouvrier des champs, a conservé, lui aussi, les fortes et saines croyances qui seules peuvent nous sauver tous.

Ouvriers de Paris, je vous dis au revoir, et je bois avec vous à la santé du Roi qui je l'espère sera notre sauveur : Vive le Roi ! Vive la Liberté ! (Applaudissements prolongés. Cris de « Vive le Roi ! Vive la liberté ! »)

M. DE LA MARTINIÈRE, organisateur du banquet, prend la parole et remercie les ouvriers qui ont répondu en si grand nombre à son appel.

M. LEBRUN, président, lève la séance après la signature de l'Adresse au Roi.

COLLECTION DE BROCHURES
A 25 CENTIMES
POUR LES TEMPS ACTUELS

Qu'est-ce qu'un Jésuite? par CH. BUET. Brochure in-18 de 36 pages.

A quoi servent les Couvents? par M. l'abbé A. LAURENT, docteur en théologie. 3ᵉ édition. Brochure in-18 de 106 pages.

Les Œuvres ouvrières devant la Famille, par le même. Brochure in-18 de 40 pages.

Les Devoirs du Chrétien dans la vie civile par Mgr FRAPPEL, évêque d'Angers. in-18 de 36 pages.

La Question de l'Enseignement, par Mgr LANDRIOT. Brochure in-12 de 32 pages.

La Première aux radicaux : **Les Conseillers municipaux,** par un laïque. in-18 de 64 pages.

Nobles et Paysans, ou rapports qui devraient exister entre les châteaux et les campagnes. Brochure in-18 de 128 pages.

Seconde aux radicaux : **Les Faux Républicains,** par l'auteur de *la Première aux radicaux.* Brochure in-18 de 64 pages.

Nos Réformateurs libres penseurs, par ERNEST CARON, instituteur laïque et libre à Paris. Brochure in 18 de 128 pages.

Le Peuple et ses Représentants, par un homme du peuple. Brochure in-18 de 64 pages.

Une Solution de la question ouvrière, par GUÉNEBAUT (*Ange des Ursins*), ancien rédacteur en chef des journaux *l'Océan* (de Brest) et *le Courrier du Berry.* Brochure in-18 de 64 pages.

L'Internationale. — Son origine, — ses doctrines, — son but, — son organisation. — ses ressources, — par A. PETIT-BARMON, rédacteur en chef du *Poitou.* Brochure in-18 de 64 pages.

Plaies sociales, par G. D'ALBRAYS. Brochure in-18 de 64 pages.

BIBLIOTHÈQUE POPULAIRE

A DIX CENTIMES :

Pierre Olivaint, petite esquisse d'un grand portrait, par PAUL FÉVAL. Brochure in-18 de 36 pages.

Vieux mensonges, par le même. In-32 de 32 p.

Le Denier du Sacré-Cœur, par le même. Brochure in-18 de 64 pages.

L'Outrage au Sacré-Cœur, par le même. Brochure in-32 de 33 pages.

Notre-Dame-de-Sion, par le même. In-18 36 p.

Le Pèlerinage de Tours, visite au sanctuaire de saint Martin par le même. In-18 de 36 pages.

Lettre de Mgr Freppel, à M. Gambetta, en réponse au discours de Romans. Brochure in-18 de 24 p.

Remarques de Mgr l'Evêque d'Angers, sur le rapport de M. Spuller. Brochure in-32 de 32 pages.

L'Eglise et l'Etat, leurs rapports et leurs droits. Brochure in-18 de 36 pages.

Causeries électorales. *De l'Action du clergé dans les élections ou le prêtre a-t-il le droit de s'occuper de politique?* Brochure in-18 de 72 pages.

Lettres de Jacques Bonhomme sur les choses du jour. 3 brochures in-18 de 36 pages.

L'Inquisition, par EMILE CAMAU. In-18 de 36 p.

La Dime, la Corvée et le Joug, par un ami du peuple. Brochure in-18 de 36 pages.

Nos Missionnaires. Brochure in-18 de 36 pages.

Nos Soldats, par le général AMBERT. In-18 de 36 p.

Les Ignorantins, par un disciple de l'enseignement obligatoire. Brochure in-18 de 36 pages.

Les Francs-Maçons dévoilés par eux-mêmes. Brochure in-18 de 36 pages.

Opinion de M. de Bismarck sur les affaires de France. Brochure in-18 de 36 pages.

Clérical et Radical. Brochure in-18 de 36 pages.

Monarchie et République. In-18 de 36 pages.

Qui a fait la France? par un patriote. In-18 36 p.

L'Ouvrier du temps jadis. In-18 de 36 pages.

Faut-il se reposer un jour par semaine? par J. DE MONTMÉLIAN. Brchure in-18 de 36 pages.

PARIS. — IMP. V. GOUPY ET JOURDAN, RUE DE RENNES, 71.